A Missa

Dados Internacionais de Catalogação na Publicação (CIP)
(Câmara Brasileira do Livro, SP, Brasil)

Barbosa, Almerindo da Silveira
  A missa : conhecer para viver / Almerindo da Silveira Barbosa. – Petrópolis, RJ : Vozes, 2016.

  Bibliografia.

  4ª reimpressão, 2025.

  ISBN 978-85-326-5243-0

  1. Igreja Católica – Liturgia 2. Missa – Celebração I. Título.

16-02353   CDD-264.02036

Índices para catálogo sistemático:
1. Missa : Celebração : Cristianismo
264.02036

PE. ALMERINDO DA SILVEIRA BARBOSA

A Missa
CONHECER PARA VIVER

Petrópolis

© 2016, Editora Vozes Ltda.
Rua Frei Luís, 100
25689-900 Petrópolis, RJ
www.vozes.com.br
Brasil

Todos os direitos reservados. Nenhuma parte desta obra poderá ser reproduzida ou transmitida por qualquer forma e/ou quaisquer meios (eletrônico ou mecânico, incluindo fotocópia e gravação) ou arquivada em qualquer sistema ou banco de dados sem permissão escrita da editora.

CONSELHO EDITORIAL

Diretor
Volney J. Berkenbrock

Editores
Aline dos Santos Carneiro
Edrian Josué Pasini
Marilac Loraine Oleniki
Welder Lancieri Marchini

Conselheiros
Elói Dionísio Piva
Francisco Morás
Teobaldo Heidemann
Thiago Alexandre Hayakawa

Secretário executivo
Leonardo A.R.T. dos Santos

PRODUÇÃO EDITORIAL

Anna Catharina Miranda
Eric Parrot
Jailson Scota
Marcelo Telles
Mirela de Oliveira
Natália França
Priscilla A.F. Alves
Rafael de Oliveira
Samuel Rezende
Verônica M. Guedes

Diagramação: Sheilandre Desenv. Gráfico
Capa: Ygor Moretti
Ilustração de capa: Janela de vidro colorida. Última Ceia.
Basileia, Suíça. © Hans | Pixabay

ISBN 978-85-326-5243-0

Este livro foi composto e impresso pela Editora Vozes Ltda.

Sumário

Apresentação 7

Introdução 13

1 Mesa da Palavra 15

2 Mesa eucarística 29

3 O silêncio na liturgia 45

4 O Ano Litúrgico 49

    4.1 As cores litúrgicas 50

Referências 53

Apresentação

Foi com muita alegria que recebi do Padre Almerindo da Silveira Barbosa a incumbência de fazer a apresentação desta obra *A missa: conhecer para viver*. Aproveito a oportunidade para salientar a importância deste subsídio por causa do valor infinito e universal da Eucaristia.

Mais do que uma simples apresentação do subsídio, quero fazer uma reflexão sobre o verdadeiro sentido do mistério de Cristo na liturgia e, de modo especial, na Eucaristia.

A liturgia é obra do Cristo total: cabeça e corpo. Numa celebração litúrgica, toda a assembleia é celebrante, cada qual segundo a sua função. O sacerdócio batismal é de todo o corpo de Cristo, mas alguns fiéis são ordenados pelo Sacramento da Ordem para representar Cristo como cabeça do corpo. Por isso, somente os sacerdotes validamente ordenados podem presidir a Eucaristia e consagrar o pão e o vinho, para que se tornem o Corpo e o Sangue do Senhor.

O Domingo, Dia do Senhor, é o dia principal da celebração da Eucaristia, porque é dia da ressurreição. É o dia por excelência da assembleia litúrgica, o dia da família cristã, o dia da alegria e do descanso do trabalho. É o fundamento e o núcleo de todo o Ano Litúrgico.

A Igreja desdobra todo o mistério de Cristo durante o ciclo anual, desde a Encarnação e o Natal até a Ascensão, Pentecostes e a expectativa da feliz esperança e da vinda do Senhor. O motivo disso é que Cristo é o verdadeiro Templo de Deus, o lugar em que reside a sua glória. Pela graça de Deus, também os cristãos se tornam templos do Espírito Santo, pedras vivas com que se constrói a Igreja.

A Eucaristia é o coração e o cume da vida da Igreja, porque nela Cristo associa a sua Igreja e todos os seus membros ao seu sacrifício de louvor e de ação de graças, oferecido ao Pai uma vez por todas na cruz. Por este sacrifício, Ele derrama as graças da salvação sobre o seu corpo, que é a Igreja.

A Celebração Eucarística inclui sempre: a proclamação da Palavra de Deus; a ação de graças a Deus Pai por todos os seus benefícios, sobretudo pelo dom do seu Filho; a consagração do pão e do vinho no Corpo e no Sangue de Cristo e a participação no banquete litúrgico, pela recepção do Corpo e do Sangue do Senhor. Estes elementos constituem um só e mesmo ato de culto.

A Eucaristia é o memorial da Páscoa de Cristo, isto é, da obra da salvação realizada pela vida, pela morte e pela ressurreição de Cristo, obra tornada presente pela ação litúrgica. É o próprio Cristo, sumo e eterno sacerdote da Nova Aliança, que, agindo pelo ministério dos sacerdotes, oferece o sacrifício eucarístico. E é ainda o mesmo Cristo, realmente presente sob as espécies do pão e do vinho, que é a oferenda do sacrifício eucarístico.

Enquanto sacrifício, a Eucaristia é oferecida em reparação dos pecados dos vivos e dos defuntos e para obter, de Deus, benefícios espirituais ou temporais. Aquele que quiser receber Cristo na Comunhão Eucarística deve se encontrar em estado de graça. Se alguém tiver consciência de ter pecado mortalmente, não deve se aproximar da Eucaristia sem primeiro ter recebido a absolvição do sacerdote no Sacramento da Penitência.

A Comunhão do Corpo e Sangue de Cristo aumenta a união do comungante com o Senhor, perdoa-lhe os pecados veniais e o preserva dos pecados graves. Uma vez que os laços da caridade entre o comungante e Cristo são reforçados, a recepção deste sacramento reforça a unidade da Igreja, Corpo Místico de Cristo.

Uma vez que Cristo em pessoa está presente no Sacramento do Altar, devemos honrá-lo com culto de adoração. A visita ao Santíssimo Sacramento é uma prova de gratidão, um sinal de amor e um dever de adoração para com Cristo nosso Senhor.

Tendo passado deste mundo para o Pai, Cristo nos deixou na Eucaristia, o penhor da glória junto dele: a participação no seu sacrifício (na missa) nos identifica com seu coração, sustenta nossas forças ao longo da peregrinação desta vida, nos faz desejar a vida eterna e, desde já, nos une à Igreja do céu, à Santa Virgem Maria e aos santos.

Desejo a todos os fiéis que lerem e refletirem sobre o conteúdo deste subsídio catequético sobre a missa que cresçam no amor à Palavra e à Eucaristia e aprendam a conformar sua vida e missão à vida e à missão de Nosso Senhor e Salvador Jesus Cristo.

Dom Antônio Carlos Félix
Bispo diocesano de Governador Valadares

Introdução

A Sagrada Liturgia expressa, de modo sublime, a unidade de Deus e do homem. O objetivo de toda celebração litúrgica, seja ela de Batismo, Matrimônio, Crisma ou a Eucaristia, é desvelar o mistério de Deus que, no íntimo da Trindade Santa, deseja estar próximo de nós, participando de nossa vida.

Quando conhecemos os ritos que compõem a Sagrada Liturgia, nos seus mais diversos sacramentos, compreendemos de forma eficaz seu valor e ressignificamos nossa fé a partir deles. Este opúsculo tende a nos colocar em contato direto com a Sagrada Liturgia da santa missa. Sua leitura nos ajudará a compreender os ritos que compõem a celebração da Eucaristia e a mergulhar no mistério de salvação do Deus feito carne e que habita em nosso meio.

A missa está dividida em duas partes: Liturgia da Palavra e Liturgia Eucarística. A primeira é antecedida pelos Ritos Iniciais e a segunda é seguida pelos Ritos Finais. A primeira parte vai da primeira leitura até as preces. A segunda vai da Apresentação das Ofertas até a Oração Pós-Comunhão.

A primeira parte podemos chamar de mesa da Palavra, quando paramos, escutamos e refletimos. A Palavra de Deus fala para cada um de nós em particular e em comunidade através das leituras do dia.

A segunda parte chamamos de mesa da Eucaristia. O pão e o vinho, sinais da terra e da videira, do trabalho do homem e da mulher, são partilhados em Corpo e Sangue de Cristo.

Na celebração da santa missa, temos então duas mesas e, em ambas, comungamos da vida de Jesus que é o alicerce para nossa vida. Uma é a mesa da Eucaristia que simboliza o próprio Jesus, pedra angular. É por isso que o altar é o símbolo mais importante, pois é ali que acontece o verdadeiro sacrifício: o pão e o vinho se tornam Corpo e Sangue de Cristo. A outra é a mesa da Palavra. Aquele que se faz Palavra é também aquele que se faz Eucaristia, que se faz nosso alimento.

1
Mesa da Palavra

Canto de entrada

"A finalidade desse canto é abrir a celebração, promover a união da assembleia, introduzir no mistério do tempo litúrgico ou da festa, e acompanhar a procissão do sacerdote e dos ministros"[1].

O canto de entrada tem por finalidade iniciar a celebração, motivando a assembleia para o banquete de que irá participar. Nele deve ser expresso o que estamos celebrando de acordo com o tempo litúrgico.

Procissão de entrada

Representa a caminhada que cada um faz de sua casa até a igreja. É feita, em direção ao altar, pelo

---

1. *Instrução Geral sobre o Missal Romano*, n. 47.

presidente da celebração, acólitos, leitores, ministros extraordinários da Sagrada Comunhão Eucarística e outras pessoas que levam a cruz processional e velas. É a caminhada que a Igreja faz, representada nessas pessoas, demonstrando a busca de Deus, desejo de encontro com Ele, desejo de travessia das trevas para a luz, assim como a travessia do Mar Vermelho, por onde o povo saiu da escravidão para entrar na terra da libertação.

Genuflexão

É o gesto de dobrar o joelho em sinal de saudação e de respeito a Jesus. Este gesto se faz se o sacrário estiver no local da celebração (atrás do altar); caso contrário, faz-se vênia, que é o gesto de inclinar a cabeça.

Beijo no altar

O beijo é um gesto nobre e usado em todas as culturas, porém cada um tem um significado. Ao beijar o altar, o padre manifesta sua alegria e seu amor por Jesus Cristo, uma vez que o altar simboliza o próprio Cristo e que é nele que acontece o sacrifício. É o altar, o lugar onde Deus passa sua liturgia para a comunidade celebrante e oferece, por ele, seu próprio Filho. Daí a reverência que lhe é devida.

Sinal da cruz

O sinal da cruz é feito no cristianismo desde o final do século I. Há quase dois mil anos os cristãos já faziam este sinal. É o sinal que traçamos, representando, na testa, o Pai cabeça para nos guiar e lembrando que Deus é o princípio de todas as coisas. É o plano de Deus que em sua mente elaborou nossa salvação. Colocando a mão no coração lembramos que Jesus é o coração do Pai. Ele nos ama por meio de seu Filho Jesus Cristo. E a mão nos ombros lembra os dois pulmões que sustentam a vida do corpo, reconhecemos que é o pulmão que nos faz viver. Daí os dois pulmões significarem a ação do Espírito Santo que dá força ao nosso viver e nos santifica.

Fazemos então o sinal da cruz porque Jesus nos salvou por meio de sua cruz. Como diz São Paulo: "Ele, estando na forma de Deus, não usou de seu direito de ser tratado como um deus, mas se despojou, tomando a forma de escravo. Tornando-se semelhante aos homens e reconhecido em seu aspecto como um homem, abaixou-se, tornando-se obediente até a morte; morte sobre uma cruz"[2]. Então unimos o mistério da cruz com o mistério da Santíssima Trindade que é o nosso único Deus. E dizemos que o Filho morreu na cruz para nos introduzir em Deus na Trindade Santa.

Saudação

É a *acolhida* que o presidente da celebração faz a toda a comunidade presente, desejando que todos estejam unidos no amor de Cristo, pois estamos ali, respondendo ao convite de Deus para estarmos congregados no amor de seu Filho Jesus. Geralmente a saudação é tirada das cartas de São Paulo.

"A vós graça e paz da parte de Deus, nosso Pai, e do Senhor Jesus Cristo!" (2Cor 1,2). "Amados de Deus e chamados à santidade, graça e paz da parte de Deus, nosso Pai, e do Senhor Jesus Cristo" (Rm 1,7).

---

2. Fl 2,6-8.

"Graça e paz a vós da parte de Deus, nosso Pai, e do Senhor Jesus Cristo" (Ef 1,2).

Ato penitencial

O *Ato penitencial* nunca pode ser confundido com o Sacramento da Penitência, como erroneamente pensam. Seu objetivo é fazer com que o fiel se coloque diante de Deus em atitude de pobreza, reconhecendo sua condição de pecador. Por isso, todos, neste momento, são convidados a tomarem consciência de seu estado de pecadores e necessitados da graça de Deus que nos perdoa sempre. O *rito penitencial* não perdoa nossos pecados, mas nos faz conscientes deles. O sacramento que nos coloca em estado de graça diante de Deus é o da Penitência.

Glória

Como nos ensina a *Instrução Geral do Missal Romano*, "o Glória é um hino antiquíssimo e venerável, pelo qual a Igreja, congregada no Espírito Santo, glorifica e suplica a Deus Pai"[3].

3. *Instrução Geral sobre o Missal Romano*, n. 53.

Reza ou canta-se o *Glória* aos domingos ou em outras missas solenes e deve ser proclamado com muita alegria e entusiasmo pela assembleia. É omitido no Tempo da Quaresma e do Advento, tempos de recolhimento, preparação e espera.

Oração da coleta

É o momento do recolhimento para todas as intenções da missa, as que foram faladas no início e as que pensamos em oferecer a Deus no silêncio do nosso coração.

No gesto de erguer as mãos para o alto, o padre oferece a Deus os desejos de toda a comunidade que celebra naquele momento.

Esta oração, na Igreja do Brasil, é chamada de oração do dia, exatamente para não ser confundida com a coleta material que fazemos em nossas celebrações no momento do ofertório.

Liturgia da Palavra

É constituída pelas leituras bíblicas e pelos cantos que acontecem entre elas. Este rito é concluído com a oração dos fiéis ou preces, como costumamos dizer.

Nas missas dominicais, proclamam-se três leituras. Normalmente a primeira é tirada do Antigo Testamento; a segunda, do Novo Testamento, e a terceira é o Evangelho.

É louvável sabermos que as leituras bíblicas, dentro da Liturgia, nunca podem ser lidas, como estamos acostumados a ouvir ("vou fazer uma leitura"), mas devem ser proclamadas. E qual é a diferença entre fazer a leitura e proclamar a leitura?

Normalmente vemos alguém chegar perto do outro e dizer "você pode fazer uma leitura na missa de hoje?" Ao aceitar o convite, a primeira coisa que se faz é pegar rapidamente o texto para ver se não há alguma palavra difícil para ser pronunciada. Caso não tenha, o sujeito se sai bem, ou, às vezes, se complica todo. Assim, fazer leitura significa aceitar o convite e ir lá à frente pronunciar as palavras contidas no texto bíblico.

Proclamar a leitura é mais do que pronunciar as palavras; é, antes de tudo, se colocar a serviço de Deus que usa o corpo e a voz da pessoa para comunicar a seu povo, pois, através daquele que proclama, Deus fala a seu povo reunido. Então quem proclama a leitura na missa é um porta-voz de Deus. Ele está falando através daquela pessoa. Portanto, proclamar a Palavra é ler e meditar o texto bíblico; é ler não somente com a voz, transmitindo informações, mas ler com o coração, deixando que, através de sua voz, a assembleia ouça a voz de Deus, "pois é Ele mesmo que fala quando se leem as Sagradas Escrituras na igreja"[4], isto é, na comunidade que está reunida.

Ao proclamar o Santo Evangelho, tendo no presbitério um diácono, o mesmo se dirige ao presidente da celebração e pede a bênção, ao que o presidente diz: "O Senhor esteja em teu coração e em teus lábios para que possas anunciar dignamente o seu santo Evangelho"[5]. Quando proclamado pelo próprio presidente da celebração, ele se inclina e reza em silêncio "ó Deus todo-poderoso, purificai-me o coração e os lábios para que eu anuncie dignamente o vosso Santo Evangelho"[6].

---

4. Constituição *Sacrosanctum Concilium*, n. 7.

5. Missal Romano, p. 399.

6. Ibid., p. 400.

Portanto, cada fiel, ao ser convidado para proclamar uma leitura na liturgia, deve pensar nestes dois pequenos textos, para que Deus, de fato, fale ao seu povo, através do seu corpo, da sua voz e do seu coração.

1ª leitura

É tirada do Antigo Testamento, às vezes extraída do Livro dos Atos dos Apóstolos, é proclamada no Tempo da Páscoa, começando no domingo da ressurreição, estendendo-se até Pentecostes.

Salmo

É parte integrante da Liturgia da Palavra e, assim como as leituras, deve ser proclamado do ambão, pois é também Palavra de Deus.

Na medida do possível, o Salmo deve ser cantado. O solista canta as estrofes e a assembleia participa cantando o refrão. Em muitas comunidades existe o ministério do salmista. Uma pessoa é preparada e recebe, da Igreja, a função de cantar os salmos da missa.

2ª leitura

A segunda leitura geralmente é tirada de uma das cartas do Novo Testamento, sobretudo do Apóstolo Paulo, ou do Livro do Apocalipse, quando é período da Páscoa.

Nesta segunda leitura encontramos uma experiência viva de vida cristã. Ela é também um compromisso da comunidade com a prática da Palavra.

Aclamação ao Evangelho

Esta não é uma aclamação feita para exaltar um momento ou um livro, mas ao próprio Cristo. É por esta razão que deve ser cantada com muita alegria e entusiasmo.

O aleluia faz-se presente no canto em todo o tempo litúrgico, exceto na quaresma, quando deve ser substituído por outro canto próprio para o momento ou pelas formas que o Lecionário oferece. É bom que a aclamação seja sempre cantada.

Proclamação do Evangelho

A proclamação do Evangelho é o ponto alto da Liturgia da Palavra, pois é o próprio Cristo que nos fala através do sacerdote ou do diácono.

É louvável que, após a proclamação, o ministro eleve o Lecionário, apresentando-o à assembleia, que deve aclamá-lo com palmas, ou cantar o refrão do canto da aclamação em sinal de alegria pela Palavra ouvida.

Homilia

"Recomenda-se vivamente, como parte da própria Liturgia, a homilia pela qual, no decurso do Ano Litúrgico, são expostos os mistérios da fé e as normas da vida cristã a partir do texto sagrado; não deve ser omitida sem grave causa nas missas dominicais e nos dias de guarda, celebrados com assistência do povo"[7].

A homilia é parte integrante da Liturgia da Palavra. Por isso o presidente da celebração deve prepará-la com todo carinho, fazendo, ligação entre

---

7. Constituição *Sacrosanctum Concilium*, n. 52.

as leituras que foram proclamadas, a vida e o que se celebra. Também na homilia pode ser explicada qualquer parte da missa, como o *prefácio,* a *Oração eucarística,* a *oração do dia,* etc. A homilia não pode ser omitida nas missas dominicais e festivas, a não ser por motivos graves e é recomendada nos dias de semana. Ela deve ser proferida, dentro da Eucaristia, pelo próprio padre e nunca por um leigo.

Profissão de fé

É também chamado de Símbolo da fé, porque é um resumo fiel da fé dos apóstolos. Nele, professamos a fé, primeiramente na Santíssima Trindade e depois na Igreja.

Temos dois modos oficiais de professar nossa fé. O primeiro é o chamado Símbolo dos apóstolos, porque expressa a fé professada pelos primeiros seguidores de Jesus e, em seus doze artigos, sintetiza tudo aquilo em que o católico crê. O segundo, chamado Credo Niceno-constantinopolitano, traz os mesmos doze artigos da fé do Símbolo dos apóstolos, porém de maneira mais explícita e detalhada, principalmente no que se refere às pessoas de Jesus e do Espírito Santo. É chamado de Niceno-constantinopolitano porque foi explicitado a partir de dois concílios ecumênicos, isto é, universais: O Concílio de Niceia (325), que condenou a doutrina de Ário[8] por ensinar que Jesus não era Deus, mas a maior de todas as criaturas; e o Concílio de Constantinopla (381) que condenou a tese de Macedônio[9] por ensinar que o Espírito Santo não era Deus.

Além dos dois símbolos oficiais, outros credos foram sendo elaborados ao longo dos séculos, sempre em resposta às dificuldades vividas pela Igreja. Apesar desses credos não fazerem parte da liturgia da Igreja Romana, o próprio Catecismo da Igreja ensina que: "nenhum dos símbolos das diferentes

---

8. Presbítero em Alexandria. Começou a espalhar ideias em torno da Trindade, recebidas de seu mestre Luciano de Antioquia (†303), onde considerava o Pai, o Filho e o Espírito Santo como três realidades distintas entre si, subordinadas umas às outras. Ele era adepto do subordicionismo rígido que colocava o Filho como criatura do Pai. Sua doutrina foi condenada pelo Concílio de Niceia em 325.

9. Presbítero em Constantinopla. Recusou a reconhecer o caráter divino do Espírito Santo, dizendo que era uma criatura do Filho. Sua tese foi refutada pelos bispos no Concílio de Constantinopla em 381.

etapas da vida da Igreja pode ser considerado como ultrapassado e inútil. Eles nos ajudam a tocar e a aprofundar hoje a fé de sempre, através dos diversos resumos que dela têm sido feitos"[10].

Oração universal

"Na oração universal ou oração dos fiéis, o povo responde de certo modo à Palavra de Deus exercendo a sua função sacerdotal, eleva preces a Deus pela salvação de todos"[11].

Também chamada de oração dos fiéis, é o momento em que a comunidade reza por todas as pessoas. É o momento que faz a pequena comunidade reunida em celebração, ser porta-voz do mundo todo, do universo inteiro. Por esta razão, deve ser preparada pela própria comunidade e dentro da seguinte estrutura: pelas necessidades da Igreja, pelos governantes, pelos que sofrem qualquer dificuldade e pela comunidade local.

---

10. *Catecismo da Igreja Católica*, n. 193.
11. *Instrução Geral sobre o Missal Romano*, n. 69.

2
Mesa eucarística

"Na Última Ceia, Cristo instituiu o sacrifício e a ceia pascal, que tornam continuamente presente na Igreja o sacrifício da cruz, quando o sacerdote, representante do Cristo Senhor, realiza aquilo mesmo que o Senhor fez e entregou aos discípulos para que fizessem em sua memória"[12].

Canto, procissão e apresentação das oferendas

A finalidade do *canto* é preparar a comunidade para a oferta dos dons. Ele acompanha a procissão das oferendas até o altar.

O pão e o vinho, em procissão, serão ofertados e entregues a Deus para que sejam transformados no Corpo e no Sangue de Jesus.

---

12. Ibid., n. 72.

No gesto de elevar as oferendas ao alto, o sacerdote as oferece a Deus juntamente com a vida de cada pessoa que celebra. Cada um oferece também a sua própria vida, pois é este o momento oportuno para oferecer a vida e as lutas do dia a dia.

Ainda dentro deste momento, é bom saber que sobre a mesa eucarística se colocam somente os objetos que serão usados na celebração. As outras ofertas poderão ser colocadas em um outro lugar ao lado do altar.

Gotinha de água no vinho

Antigamente era comum misturar água no vinho em virtude deste ser muito forte. Hoje, não tem este mesmo significado. A gota d'água não é para enfraquecer o vinho, mas para simbolizar a nossa humanidade que participa da divindade de Jesus Cristo. Diante de Deus, somos como que uma gota d'água na infinitude do oceano, ou seja, o humano desaparece diante da grandeza de Deus.

O gesto de lavar as mãos

No início da Igreja, era muito comum os fiéis trazerem produtos da sua lavoura para serem ofertados na missa e depois distribuídos aos pobres. O padre recebia aquelas ofertas e, normalmente, sujava as mãos, tendo a necessidade de lavá-las logo em seguida. Hoje esse gesto deixou de ter significado material e passou a ter significado espiritual. Ao lavar as mãos, o padre faz um gesto de purificação interior, pedindo a Deus que seja lavado de suas faltas e purificado de seus pecados. Assim, juntamente com o gesto de lavar as mãos, ele pronuncia as palavras: "lavai-me, Senhor, de minhas faltas e purificai-me de meus pecados" (cf. Sl 51,4).

Oração Eucarística

É o centro e o ápice de toda a Celebração Eucarística. Já no início da oração, dizemos que o nosso coração está em Deus e que é nosso dever e salvação dar graças a Deus. Realmente, para entrarmos em comunhão com Deus precisamos estar com o coração voltado para Ele, e é somente assim que vamos compreender a caminhada do povo peregrino rumo ao reino definitivo.

Prefácio

O *prefácio* é uma introdução à Oração Eucarística. É uma forma de proclamar as maravilhas de Deus em nossa vida e, em forma de agradecimento, entrarmos em clima de ação de graças.

O prefácio constitui a primeira parte da Oração Eucarística e é uma síntese do momento litúrgico que estamos celebrando, por isso o Missal Romano traz um para cada tempo na liturgia. Vejamos como exemplo o *prefácio I* da Paixão do Senhor: "Na verdade, é justo e necessário, é nosso dever e salvação dar-vos graças sempre e em todo lugar, Senhor, Pai Santo, Deus eterno e todo-poderoso. O universo inteiro, salvo pela Paixão de vosso Filho, pode proclamar a vossa misericórdia. Pelo poder radiante da cruz, vemos com clareza o julgamento do mundo e a vitória de Jesus crucificado"[13].

Vemos então, neste *prefácio,* o poder da cruz, pois, morrendo nela, Jesus sai vitorioso e garante a salvação para os homens de todas as gerações,

---

13. Missal Romano, p. 419.

mostrando o amor ilimitado e a misericórdia infinita de Deus para conosco.

Santo

É a grande aclamação, o grande louvor. É um dos cantos mais belos da missa, por isso deve sempre ser cantado. É o momento em que as duas igrejas, a do céu e a da terra, se unem numa só voz para cantar, aclamando e reconhecendo que Jesus é o Senhor, o enviado do Pai.

Invocação do Espírito Santo

O pedido para o envio do Espírito Santo recebe, na liturgia, o nome de *epiclese* (momento em que o sacerdote impõe as mãos sobre o cálice e a patena com o pão), ou seja, um chamado que vem do alto.

A *epiclese*, na Oração Eucarística, acontece em dois momentos. A primeira acontece sobre o pão e o vinho para que estes dons oferecidos pelo ser humano sejam transformados em Corpo e Sangue de Cristo. A segunda acontece antes da Comunhão para que cada um, ao receber o Corpo de Cristo, seja transformado, gerando entre os comungantes unidade e comunhão.

Consagração

As palavras da Última Ceia de Jesus estão presentes em Mateus, Marcos, Lucas e na Primeira Carta aos Coríntios. Neste momento devemos ficar ajoelhados, porque é o momento mais importante da Celebração Eucarística, onde haverá a transformação do pão e do vinho no Corpo e no Sangue de Cristo. É o que chamamos de *transubstanciação*, isto é, o formato, a cor, o sabor continuam os mesmos, porém a substância muda; deixa de ser substância de pão e vinho e passa a ser substância do Corpo e do Sangue de Cristo.

A *consagração* é o coração da Oração Eucarística, assim como esta é o coração da missa. Porém, o coração não pode agir sozinho. Ele interage com a *epiclese* e com a *anamnese* (as palavras da consagração), ou seja, há uma harmonia em toda a Oração Eucarística.

Na Oração Eucarística, primeiramente nós rezamos agradecendo ao Pai pela Eucaristia: "celebrando, pois, a memória da morte e ressurreição do vosso

Filho, nós vos oferecemos, ó Pai, o pão da vida e o cálice da salvação; e vos agradecemos porque nos tornastes dignos de estar aqui na vossa presença e vos servir"[14]. Depois rezamos, pedindo que essa Eucaristia, por meio do Espírito Santo, crie a unidade de toda a Igreja espalhada pelo mundo inteiro: "e nós vos suplicamos que, participando do Corpo e Sangue de Cristo, sejamos reunidos pelo Espírito Santo num só corpo"[15]. Depois, nós rezamos pedindo por aqueles que exercem o ministério ordenado da Igreja, para que mantenham a sua missão de ser testemunhas da caridade e do amor: "lembrai-vos, ó Pai, da vossa Igreja que se faz presente pelo mundo inteiro: que ela cresça na caridade, com o papa..., com o nosso bispo... e todos os ministros do vosso povo".[16] Rezamos ainda pelas pessoas que morreram, não só pelos cristãos, mas toda a humanidade que já morreu, porque o sacrifício de Cristo tem o amor universal, e é para a salvação de todos. Todos são chamados à vida em Cristo Jesus: "lembrai-vos

---

14. Ibid., p. 480.

15. Ibid.

16. Ibid.

também dos nossos irmãos e irmãs que morreram na esperança da ressurreição (= cristãos) e de todos que partiram desta vida (= não cristãos): acolhei-os junto a Vós na luz de vossa face"[17]. E, por fim, lembramos de todos nós que ainda peregrinamos neste mundo, em comunhão com aqueles que já participam da vida no céu: "enfim, nós vos pedimos: tende piedade de todos nós e dai-nos participar da vida eterna, com a Virgem Maria, Mãe de Deus, com os santos Apóstolos e todos os que neste mundo vos serviram, a fim de vos louvarmos e glorificarmos, por Jesus Cristo, vosso Filho"[18].

Doxologia (Por Cristo, com Cristo...)

É a nossa grande oração, nosso grande ofertório e louvor ao Pai, que fazemos por meio de Jesus Cristo, confirmando através da unidade do Espírito Santo. É rezado somente pelo sacerdote e toda a assembleia participa com o amém.

---

17. Ibid., p. 481.
18. Ibid.

Pai-nosso

"Na Oração do Senhor, pede-se o pão de cada dia, que lembra para os cristãos antes de tudo o pão eucarístico, e pede-se a purificação dos pecados, a fim de que as coisas santas sejam verdadeiramente dadas aos santos"[19].

A oração do Pai-nosso é a síntese de todo ensinamento deixado por Jesus. É a oração de intimidade com Deus, pois nela chamamos Deus de Pai nosso. De fato Ele é nosso pai que olha com muito carinho e bondade para cada um de seus filhos e filhas.

Na missa, é o único momento dessa oração que não se diz o amém, pois a oração inteira só termina no final da oração da paz, onde aí sim responderemos o amém que significa assim seja, eu aceito, eu concordo.

Oração e Abraço da Paz

Rezamos pedindo a Deus a paz e a unidade entre todas as pessoas. É o momento também em que desejamos ao irmão que está ao nosso lado a Paz do

---

19. *Instrução Geral sobre o Missal Romano*, n. 81.

Cristo ressuscitado. Momento de alegria para a comunidade, pois vamos levar a paz ao irmão e recebê-la de volta.

O *Abraço da Paz* deve ser dado somente nas pessoas que estão ao nosso lado na celebração, pois é um gesto simbólico, e cumprimentar esses vizinhos simboliza que estamos cumprimentando toda a assembleia.

Cordeiro de Deus

Cantamos ou rezamos o *Cordeiro* que é o próprio Cristo na Eucaristia e para que possamos recebê-lo com muita fé. Cristo é o *Cordeiro* de Deus que deu sua vida para trazer até nós a salvação. É reconhecimento da missão de Jesus de redimir e salvar.

Sempre é a comunidade que deve iniciar o *Cordeiro* e não o presidente da celebração. E o ideal é que seja cantado, sempre.

Canto de Comunhão

É o canto que acompanha a procissão para a Comunhão, que simboliza a marcha do povo que busca o pão da vida, o alimento para a caminhada. Daí a necessidade de estarmos em procissão e não acomodados, esperando diminuir a "fila". Temos de compreender que não estamos na fila do banco para pagar nossas contas, mas é o trajeto de um povo que caminha unido em direção a Jesus Cristo na Eucaristia.

Comunhão

A *Comunhão* é a nossa intimidade com Jesus. Quando comungamos, exprimimos nosso desejo e nossa busca de sermos um em Cristo. A *Comunhão* nos conduz no caminho que nos leva a Deus e ao encontro de nossos irmãos e irmãs, de modo especial aos mais pobres.

Quando comungamos, a Eucaristia desperta em nós o sentido missionário, ou seja, nos transforma, fazendo-nos sair de nós mesmos e ir ao encontro do outro, pois "quando se faz uma verdadeira experiência do Ressuscitado, alimentando-se de seu corpo e de seu sangue, não se pode reservar para si mesmo a alegria sentida"[20]. O encontro com Jesus na Eucaristia

---

20. Carta Apostólica *Mane Nobiscum Domine*, n. 24.

suscita em nós a vontade de anunciar, assim como aconteceu com os discípulos a caminho da comunidade de Emaús ao terem reconhecido Jesus no partir o pão, "partiram imediatamente"[21] para comunicar aos outros a experiência de terem visto e ouvido o Ressuscitado.

Portanto, ao comungarmos, precisamos ter a consciência do tesouro incomparável que é a Eucaristia na nossa vida, pois foi por meio dela que Cristo "encontrou o modo de permanecer conosco para sempre"[22], e participar dela, então, é entrar em comunhão profunda com Jesus. É manter uma íntima e recíproca relação com Ele.

Ainda, com relação à *Comunhão*, devo pontuar que, segundo a tradição, nos primeiros séculos ela era recebida na mão, fazendo da mesma um trono para receber o Rei, e a mão esquerda era colocada sobre a direita. "Quando tu te aproximas (para a comunhão) não te aproximes com as palmas das mãos estendidas, nem os dedos abertos, mas faze de tua mão

---

21. Lc 24,33.
22. Carta Apostólica *Mane Nobiscum Domine*, n. 19.

esquerda um trono para tua mão direita, pois esta deve receber o Rei, e no côncavo de tua mão recebe o Corpo de Cristo, dizendo: Amém"[23]. A partir do século IX, passou a receber somente na boca. Após o Concílio Vaticano II, o fiel tem a possibilidade de receber na mão ou na boca, mas sempre observando o mesmo princípio, que é a atitude de respeito para com o Corpo do Senhor. E, optando pela possibilidade de receber na mão, ainda é válido o conselho de São Cirilo, fazendo da sua mão um pequeno altar para o Senhor, recebendo-o na mão esquerda e levando à boca com a mão direita.

Oração Final

Após um momento de silêncio, o que preside a celebração reza a *Oração Final* que faz ligação entre o que está sendo celebrado e a vida a ser celebrada durante a semana. É também o agradecimento pelo Cristo que recebemos e pela celebração que estamos encerrando.

---

23. *Catequeses mistagógicas.* Cirilo de Jerusalém, n. 21.

Avisos

É o momento que a assembleia tem para ficar por dentro das atividades da comunidade para a semana. Devem ser simplificados para que a celebração não se torne cansativa e desgastante.

Bênção Final

É a conclusão de toda celebração, pedindo a Deus a sua proteção para vivermos bem em nossa casa, com nossa família e com todos os que encontrarmos durante a semana. Aqui se inicia o compromisso do cristão que é de levar para o mundo o ensinamento apreendido naquele momento. É o envio à missão de evangelizar a todos os que encontrar durante a semana.

Despedida

"Vamos em paz e o Senhor nos acompanhe". É com esta despedida feita pelo presidente da celebração que assumimos o compromisso de levar Deus até as pessoas, falando sobre seu amor e sua bondade para conosco, mostrando que Ele ama muito e conta com cada um de nós, seus filhos.

Canto Final

É o canto de resposta ao que foi celebrado, canto de compromisso com a vida que continua lá fora. É testemunho de ação cristã. Por isso deve ser um canto alegre.

3
O silêncio na liturgia

O silêncio é um tema que precisa ser aprofundado, uma vez que costuma ser ignorado em nossas celebrações. Ainda hoje não entendemos o sentido do silêncio nas ações litúrgicas. Achamos que, quando ele ocorre, é porque houve falhas na organização da celebração. Pensar assim é não perceber o verdadeiro sentido que o silêncio tem na liturgia. Precisamos, então, entender para colocar em prática.

Pela nossa experiência de vida, sabemos que ficar em silêncio é uma atitude de escuta. Quando silenciamos, nós escutamos a Deus, ao outro e a nós mesmos, pois silenciar significa abrir os ouvidos para deixar ressoar a voz que vem do exterior para o nosso interior e que penetra no mais profundo de nosso ser.

O silêncio é o momento oportuno para o fiel adentrar o mistério que está sendo celebrado, deixando ressoar em seu coração a Palavra de Deus que sempre nos alimenta e transforma.

Normalmente o silêncio não está prescrito nos livros litúrgicos de forma ordenada. Cabe então a quem preside a celebração, dentro da prudência, provocá-lo em momentos que achar mais oportuno. Uma comunidade que celebra cada momento e compreende o seu sentido é uma comunidade mais viva. Assim, silenciar-se na Celebração Litúrgica não é cometer falha, nem ser diferente. O silêncio nos faz entender que a nossa fé vem primeiro pela escuta e não escutamos se não tivermos a atitude correta para isso, ou seja, se não aplicarmos o silêncio.

Dentro da estrutura da missa, podemos ter três momentos de silêncio. O primeiro acontece nos *ritos iniciais*, no *Ato penitencial* e na *oração do dia* e é chamado silêncio de recolhimento, porque traz para o nosso coração aquelas pessoas por quem queremos rezar. O segundo é o silêncio de meditação, que acontece dentro da Liturgia da Palavra, no final da primeira leitura, da segunda leitura, do Evangelho e da homilia ou, no mínimo, após a homilia. O terceiro é o silêncio de louvor e de agradecimento a Deus, que acontece logo após a *Comunhão*. Algumas vezes o silêncio pode ser substituído por um salmo ou por um hino.

Celebrar e viver cada momento é deixarmos ser levados para conhecermos os mistérios de Deus e, conhecendo, sermos capazes de amar e de participar com toda a nossa vida, deixando a mensagem perpassar nossos ouvidos, nossas mentes e chegar ao nosso coração.

4
O Ano Litúrgico

O ano civil começa no dia 1º de janeiro e termina em 31 de dezembro. Portanto, 365 dias. Na liturgia é bem diferente. O ano não começa em um dia específico do mês, mas em um tempo. Começa no advento e termina no sábado subsequente à Festa de Cristo Rei.

O *Ano Litúrgico* está dividido em dois grandes ciclos: Natal e Páscoa. Cada um contém três momentos: preparação, celebração e prolongamento. O ciclo do Natal celebra o mistério da Encarnação do Filho de Deus e tem seu cume na celebração do Natal. O ciclo da Páscoa celebra o mistério da Paixão, Morte e Ressurreição de Jesus, culminando-se com o tríduo pascal. Permeando estes dois ciclos, temos o tempo comum, que é o tempo do nosso discipulado com Jesus. Tempo de revivermos tudo o que Jesus disse e fez. Como o próprio nome diz, é comum; não é extraordinário, porém é importantíssimo no nosso dia a dia, pois é o tempo em que aprendemos com Jesus a viver aqui e agora o Reino de Deus. É também o tempo em que mostra a bondade infinita de Deus, que se faz presente nas coisas simples e pequenas.

4.1 As cores litúrgicas

Para cada tempo na liturgia, temos uma cor que se refere às vestes do sacerdote e, às vezes, a toalha do altar e do ambão. Aqui ressalta-se que a toalha do altar preferencialmente deve ser de cor branca, não havendo necessidade de seguir a cor de cada tempo (cf. IGMR, n. 117) e que não cubra todo o altar como se fosse uma mesa preparada para uma refeição qualquer. O altar é o principal símbolo da Igreja e, consequentemente, se é o principal, deve ser visto e não encoberto.

- **O roxo:** Sinal de penitência e conversão. É usado no advento, na quaresma (até a Quarta-feira Santa) e nas celebrações das exéquias.

- **O branco:** Sinal de vitória, de alegria e de paz. É usado na solenidade do Natal até a Festa do Batismo de Jesus, no tríduo pascal (exceto Sexta-feira Santa), em todo o Tempo da Páscoa (exceto Pentecostes), na Festa da Santíssima Trindade e de Cristo Rei, nas celebrações dos santos e da Bem-aventurada Virgem Maria.

- **O vermelho:** Sinal do Espírito Santo e do sangue derramado pela fé professada (martírio). É usado no Domingo de Ramos, na Sexta-feira da Paixão, no Domingo de Pentecostes, na celebração dos santos mártires e na Festa dos apóstolos.

- **O verde:** Sinal de esperança. É usado em todo tempo comum, exceto nas festas que caem neste tempo.

- **O rosa:** Sinal de alegria. É usado no terceiro domingo do advento e no quarto domingo da quaresma.

- **O preto:** Sinal de luto. É uma cor que quase não se usa mais. Quando utilizada, é usada na celebração dos fiéis defuntos ou na celebração das exéquias.

- **O dourado:** É muito utilizado em festividades para substituir o branco, por exemplo, em celebrações de ordenações sacerdotal e episcopal, festas e solenidades.

Referências

BECKHÄUSER, Frei Alberto. *Novas mudanças na missa*. 4. ed. Petrópolis: Vozes, 2003.

BRANDÃO, Pe. Welington Cardoso. *Missa*: uma ação emocional. 3. ed. São Paulo: Paulus, 2003.

BUYST, Ione. *A Palavra de Deus na liturgia*. São Paulo: Paulinas, 2001.

_____. *O ministério de leitores e salmistas*. São Paulo: Paulinas, 2001.

CAMARGO, Pe. Gilson César de. *Liturgia da missa explicada*. Petrópolis: Vozes, 2004.

CATECISMO DA IGREJA CATÓLICA. Petrópolis: Vozes; São Paulo: Loyola, 1993.

CIRILO DE JERUSALÉM. *Catequeses mistagógicas*. Petrópolis: Vozes, 2004.

CONGREGAÇÃO DO CULTO DIVINO E A DISCIPLINA DO SACRAMENTO. *Instrução geral sobre o Missal Romano*. Petrópolis: Vozes, 2004 [Apresentação de Frei Alberto Beckhäuser].

CONSTITUIÇÃO *SACROSANCTUM CONCILIUM*. In: *Compêndio do Vaticano II*. 29. ed. Petrópolis: Vozes, 2000.

MISSAL ROMANO. 6. ed. São Paulo: Paulus, 1992.

Conecte-se conosco:

- **f** facebook.com/editoravozes
- ⓘ @editoravozes
- 𝕏 @editora_vozes
- ▶ youtube.com/editoravozes
- ☎ +55 24 2233-9033

www.vozes.com.br

Conheça nossas lojas:

www.livrariavozes.com.br

Belo Horizonte – Brasília – Campinas – Cuiabá – Curitiba
Fortaleza – Juiz de Fora – Petrópolis – Recife – São Paulo

EDITORA VOZES LTDA.
Rua Frei Luís, 100 – Centro – Cep 25689-900 – Petrópolis, RJ
Tel.: (24) 2233-9000 – E-mail: vendas@vozes.com.br